AF262429

DÉLICES

DU

PÉLERIN D'ARS

OU

Consolations offertes à l'âme par le souvenir
du Bon Pasteur

Avec Prières, Réflexions et Méditations pieuses

INSPIRÉES PAR UNE RETRAITE A ARS

Par J.-B. G.

Le village d'Ars, situé sur la rive gauche de la Saône, à 35 kilomètres de Lyon, 9 kilomètres de Trévoux, chef-lieu de l'arrondissement dont il dépend, et à 7 kilomètres de Villefranche, ne renferme guère plus de 350 à 400 habitants. C'est dans ce petit coin de terre, dans cette bourgade de l'ancienne province de Dombes, qu'a résidé, pendant plus de quarante ans, le vénérable prêtre dont le renom de sainteté avait grandi peu à peu jusqu'à devenir universel, et pour lequel tout le monde professait une vénération aussi grande que méritée.

C'est grâce à ce saint pasteur, que le village d'Ars, inconnu il y a un demi-siècle, est devenu depuis plus de trente ans, le rendez-vous de tant de pèlerins, qui y arrivent journellement des contrées les plus lointaines, conduits par le même but pieux.

JEAN-MARIE-BAPTISTE VIANNEY, curé d'Ars, naquit le 8 mai 1786, à minuit, dans le village de Dardilly, à 8 kilomètres de Lyon. Il était le troisième enfant de Mathieu Vianney et de Marie Beluze. Ses parents jouissaient d'une honnête aisance ; mais ils possédaient le plus précieux de tous les trésors : la vertu qui donne le vrai bonheur. Pieux et charitables, ils étaient entourés de l'estime de tous. Formé par de tels exemples, Jean-Marie-Baptiste les mit à profit de bonne heure ; dès l'âge le plus tendre, il manifesta le plus vif attrait pour la prière et le recueillement, une grande charité envers les pauvres, et une singulière dévotion à la sainte Vierge.

La vocation décidée qu'il annonçait pour l'état ecclésiastique, détermina ses parents à confier le soin de son éducation à un respectable prêtre, M. Balley, ancien chartreux, réfugié à Ecully pendant la Terreur, et nommé desservant de cette commune presque aussitôt après la promulgation du Concordat (1802).

L'exemple et les leçons d'un si digne précepteur développèrent promptement chez l'élève les germes heureux que la nature avait mis dans son cœur ; il y puisa ces trésors de vertus chrétiennes, qui devaient faire de lui, plus tard, le directeur éclairé des consciences, en même temps que le modèle des pasteurs.

En 1809, la conscription vint l'enlever momentanément à la carrière qu'il avait choisie. Sa feuille de route lui traçait son itinéraire jusqu'en Espagne, où il devait rejoindre le régiment dans lequel il était incorporé. Retenu quelque temps à l'hospice de Lyon, puis à celui de Roanne, par une maladie assez grave, il déserta, et séjourna quatorze mois aux Noës, petit village du département de la Loire, où il exerçait les fonctions d'instituteur. Son jeune frère le remplaça au service, et périt en Allemagne, en 1812.

Rendu à sa liberté par le dévouement fraternel, Jean-Marie-Baptiste reprit ses études interrompues, fit sa philosophie au séminaire de Verrières, étudia ensuite la théologie, d'abord sous la direction de M. Balley, à Ecully, puis au grand séminaire de Lyon. Le 28 mai 1811, il reçut la tonsure des mains de Mgr Simon, évêque de Grenoble. Ce même prélat lui conféra également tous les grades de la hiérarchie ecclésiastique ; savoir : le sous-diaconat, le 2 juillet 1814, le diaconat, le 23 juin 1815, et la prêtrise, le 9 août de la même année.

M. Balley avait demandé le jeune Vianney pour son vicaire. Celui-ci vint donc partager les travaux apostoliques de son ancien précepteur. Mais, quoique peu avancé en âge, M. Balley dont la constitution était minée par les souffrances, par les jeûnes et les macérations, ne tarda pas de descendre au tombeau. La mort de celui qu'il regardait comme un second père, et à la mémoire duquel il voua toute sa vie un pieux souvenir, affecta profondément M. Vianney. Les habitants d'Ecully avaient demandé à l'archevêché, que le jeune vicaire fût désigné pour successeur à M. Balley. Il y a tout lieu de croire que l'on aurait cédé à leurs sollicitations ; mais M. Vianney déclina, comme une mission au-dessus de ses forces et de son expérience, les fonctions de desservant d'une commune aussi considérable qu'Ecully. Un autre vint donc occuper ce poste, et peu de mois après M. Vianney fut appelé à la cure du village d'Ars, qui dépendait alors du siége archiépiscopal de Lyon.

Ce fut en février 1818 qu'il prit possession de la cure d'Ars ; il trouva dans la paroisse une grande indifférence en matière religieuse. Les femmes et les jeunes filles assistaient bien à la messe et aux vêpres les dimanches et les fêtes ; en général, elles faisaient leurs Pâques. Mais les hommes mûrs et les jeunes gens fréquentaient beaucoup plus assidûment les cabarets que les églises.

M. Vianney, dès son installation dans la commune, fit de son église sa demeure habituelle : il y entrait au point du jour, et n'en sortait qu'à la nuit close. Dans le courant de la journée, il visitait pourtant ses paroissiens, et cherchait à se faire aimer d'eux, en leur témoignant un tendre intérêt et une vive affection ; puis, il leur adressait, soit en chaire, soit en causant familièrement avec eux, de paternelles exhortations. Il les engageait à s'approcher plus souvent des sacrements, à observer le repos du Seigneur, c'est-à-dire, à s'abstenir de tout travail les dimanches et les fêtes. Mais ce qui lui fut le plus difficile à obtenir, ce fut la renonciation aux danses et aux réjouissances mondaines ; d'autant plus que la jeunesse d'Ars et des environs avait un goût prononcé pour ces amusements frivoles, où, trop souvent, on contracte de vicieux penchants et l'habitude de ne plus s'occuper de Dieu.

Afin d'extirper le mal dans sa racine, M. Vianney indemnisa, de ses deniers, soit les ménétriers qui faisaient danser, soit les aubergistes chez lesquels on se rassemblait pour tenir les vogues, afin de décider les premiers à s'en aller, et les seconds à fermer leurs établissements. Le but qu'il recherchait fut atteint ; soit par la mesure qu'il adopta, soit à l'aide de ses exhortations réitérées, il parvint, dans l'espace de quelques années, à métamorphoser complètement sa paroisse, et à faire du village d'Ars ce que nous le voyons aujourd'hui ; c'est-à-dire, une commune modèle, où le saint jour du dimanche est célébré comme il doit l'être, par la cessation de tout travail, l'assistance aux offices, et par l'absence de tous amusements frivoles et mondains ; où les habitants s'approchent fréquemment de la sainte Table,

t mènent une vie régulière et chrétienne ; où, enfin,
a religion est pratiquée scrupuleusement.

L'église d'Ars est placée sous le vocable de la Mère
u Sauveur, à laquelle, nous l'avons dit, M. Vianney
vait une dévotion spéciale, et sous la protection de
aquelle il avait placé ses paroissiens et lui par une
onsécration solennelle, en 1836. Le souvenir de
cette cérémonie pieuse est conservé par un *ex-voto*
ue l'on voit dans la chapelle de l'église, qui est
édiée à la sainte Vierge.

Lorsqu'il arriva dans sa paroisse, M. Vianney fut
affligé de l'aspect de dénûment et de dégradation où
trouva le saint lieu. Aucune chapelle dans l'inté-
ieur de l'église ; un maître-autel en bois, avec qua-
re chandeliers de bois ; un autel de la Sainte-Vierge,
ntièrement privé d'ornements. Il acheta, de ses de-
iers, un nouveau maître-autel, et travailla de ses
ains à le poser et à décorer les bancs du chœur.

Mademoiselle d'Ars, qui habitait le château sei-
neurial de la commune, personne très-pieuse et
ès-charitable, contribua, autant qu'elle le put, à
ider M. le curé dans les améliorations qu'il voulait
ire dans son église. M. le vicomte d'Ars, frère de
ademoiselle d'Ars, lequel habitait Paris, vint à
rs, en 1818 ; dans la visite qu'il fit, en arrivant, à
I. Vianney, il fut frappé de l'air de sainteté empreint
ar les traits de ce digne prêtre ; leurs relations de-
inrent fréquentes, car M. d'Ars était lui-même très-
ieux. En partant, il pria M. le curé de l'associer à
es bonnes œuvres ; et, dès son retour à Paris, il
nvoya de beaux ornements pour l'église d'Ars : tels
ue garnitures d'autel, chandeliers, chasubles, en-
ensoirs, bannières, et notamment un magnifique
ais. Mais lorsqu'on voulut faire entrer ce dais par
a porte de l'église, ce fut chose impossible, car cette
orte était trop basse. Instruit de cette circonstance,

M. d'Ars envoya de suite 6,000 fr pour l'agrandisse-
ment de cette porte et les travaux nécessaires à la
restauration de la façade de l'église.

M. Vianney éprouva une joie inexprimable et on
pourrait dire enfantine, à la vue de toutes ces mer-
veilles ; pour actions de grâces, il conduisit tous ses
paroissiens en pèlerinage à Notre-Dame de Four-
vières.

Cinq chapelles furent construites dans l'église
d'Ars : la première dédiée à la sainte Vierge, la seconde à saint Jean-Baptiste, patron de M. Vianney, la
troisième à sainte Philomène, pour laquelle le saint
prêtre professait une dévotion particulière, qu'il
appelait sa *chère petite sainte*, et à laquelle il attribuait
toutes les cures extraordinaires qui s'opéraient à
Ars. La quatrième chapelle fut celle de l'*Ecce-Homo* ;
la cinquième, celle de saint Michel et des saints Anges.

Mais tandis que M. le curé ne négligeait rien pour
embellir son église ; que dans ce but, il n'épargnait
ni soins, ni argent, par contre, son presbytère et lui-
même étaient dans le dénûment le plus complet. Au
moment où il vint habiter Ars, le presbytère avait
des chambres tapissées : on y voyait un salon, une
salle à manger, une cuisine, un vaste jardin rempli
de fleurs et d'arbres fruitiers. Le saint homme fit de
ce beau jardin un champ où l'on récoltait tour à tour
des pommes de terre et du blé. Dans la cour, croissent
librement les ronces et les plantes parasites. Au fond
de cette cour, au milieu des plantes et des herbes,
on a placé une très-belle statue de la sainte Vierge,
entourée de fleurs et couronnée de guirlandes. Dans
la cuisine, il n'y eut jamais de feu depuis que
M. Vianney vint habiter la cure ; dans les chambres,
l'humidité et le temps ont moisi les tapisseries ; elles
sont nues et délabrées comme la cuisine. Le salon
a été transformé en bûcher. La seule pièce où l'on

remarque un peu moins de délabrement que dans les autres, est celle où couchait M. Vianney. Encore n'y trouve-t-on absolument que le strict nécessaire. Le mobilier, — il a été conservé jusqu'à présent tel qu'il était du temps de M. Vianney, — se compose : d'un fauteuil provenant de son prédécesseur ; de quelques chaises de campagne, d'une table de sapin brut, couverte d'images, de papiers et de lettres venant de tous pays ; de quelques tableaux et portraits de saints, parmi lesquels on remarque un très-beau saint Jean-Baptiste, patron de M. Vianney ; d'une bibliothèque contenant quelques livres ; d'une vieille commode, d'un autre antique meuble pour serrer le linge ; enfin d'un reliquaire ayant pour ornement l'Enfant-Jésus ; d'un crucifix devant lequel le bon pasteur s'agenouillait souvent ; enfin d'une branche de buis avec une couronne d'immortelles. N'oublions pas cependant un joli lit à bateau qui fut donné à M. Vianney par les habitants d'Ars, pour remplacer la méchante couchette de planches qui lui tenait lieu de lit auparavant, et qui brûla une nuit sans que l'on ait pu savoir comment le feu y avait pris. M. le curé était à l'église lorsque cet accident survint ; en l'apprenant, il dit : « Que n'ayant pu brûler l'oiseau, le » diable avait brûlé la cage. » Mais le lit que l'on apporta avait un matelas et un garde-paille ; il ne voulut garder que le bois de lit. Deux petits rideaux entouraient cette couche où le saint homme ne reposait pas plus de deux ou trois heures. A une heure du matin, en été, à trois heures en hiver, il allait à l'église, où déjà quantité de personnes l'attendaient.

Au nombre des fondations pieuses dues à M. Vianney, on doit mentionner en première ligne celle qui fut appelée la *Providence*. Dès la première année de son arrivée à Ars, il plaça trois jeunes filles dans un couvent pour les faire instruire ; puis il acheta de ses deniers une maison où il installa ces jeunes filles lorsqu'elles furent assez instruites. Elles eurent pour mission d'instruire à leur tour un certain nombre d'enfants pauvres. Outre les soins et les enseignements donnés aux enfants par les sœurs de la *Providence*, M. Vianney logeait et nourrissait quantité d'enfants des deux sexes, appartenant à des familles indigentes.

Cette institution fut plus tard organisée sur d'autres bases ; elle existe encore aujourd'hui. Primitivement, c'était là, que tous les jours, à midi, M. Vianney faisait le catéchisme, auquel assistaient, outre les enfants, quantité de pèlerins. Le nombre des auditeurs ayant augmenté de jour en jour considérablement, le local de la *Providence* devint insuffisant pour contenir cette foule. Le catéchisme se fit donc à l'église. Installé dans une sorte de chaire, ou plutôt de stalle, le bon prêtre adressait à une multitude recueillie des enseignements simples quant à la forme et quant au fond, et à la portée de toutes les intelligences. Tous ceux qui ont assisté à ces instructions, savent combien ils ont été édifiés par cette éloquence qui, émanant de l'âme, savait persuader et trouver le chemin du cœur.

Parmi les autres fondations faites par M. Vianney, il convient de mentionner : l'institution des Frères de la Sainte-Famille, et celle des Sœurs de l'ordre de Saint-Joseph. L'une et l'autre ont rendu déjà et sont appelées à rendre d'éminents services.

M. le curé d'Ars n'eut jamais de domestique ; il ne songeait jamais à ses besoins personnels, pas plus pour la nourriture que pour le vêtement. A peine mangeait-il un demi-kilogramme de pain par semaine. Très-rarement il mangeait de la viande, et n'en acceptait jamais deux jours de suite. Ses repas, — peut-on se servir de cette expression ? — se composaient le plus souvent d'un peu de pain et de quelques gouttes de lait. Aussi, lorsqu'il témoignait l'intention de se retirer à la Trappe ou à la Grande-Chartreuse, *pour y pleurer*, disait-il, *sa pauvre vie, et obtenir miséricorde*, on lui objectait avec raison que le régime ascétique auquel il se condamnait, était beaucoup plus rigoureux que celui des Chartreux et des Trappistes.

Ainsi, M. le curé d'Ars a renouvelé au dix-neuvième siècle, ce que la tradition nous rapporte de la vie des solitaires et des anachorètes de la Thébaïde. Pendant quarante années, notre époque, si portée au scepticisme, a eu sous les yeux, aux portes de l'une des plus grandes villes de l'Europe, un exemple qui vient confirmer ce que nous lisons dans la vie des bienheureux. L'oubli de ses propres besoins, l'abnégation complète de lui-même, pour ne s'occuper que des autres, voilà ce que fit, tant qu'il vécut, ce Saint Martyr des temps modernes.

On pourrait citer mille traits de cette charité poussée aux dernières limites. L'espace nous manque pour les signaler ici; nous constaterons seulement que, bien qu'il reçût beaucoup de dons, il ne gardait pas un centime pour lui; toutes les libéralités des personnes charitables, il les consacrait à soulager les malheureux, ou à multiplier le plus possible ses pieuses fondations.

Et pourtant ce prêtre, qui, pendant tant d'années, consacra ses jours à ramener les âmes dans le droit chemin, à consoler les cœurs souffrants, à rendre l'espoir à ceux que le malheur avait abattus, à ranimer la foi sincère dans les esprits que le doute ou l'indifférence avaient depuis longtemps détournés de Dieu ; ce pasteur, qu'entouraient la vénération et l'admiration de tous, qui a plus répandu de bénédictions et converti plus de pécheurs que ne le fit peut-être jamais aucun autre prêtre, témoigne plus d'une fois la crainte qu'il éprouvait *de paraître au tribunal de Dieu, avec sa pauvre vie de curé!*. Personne ne poussa jamais aussi loin l'humilité. Plusieurs fois il exprima le chagrin qu'il éprouvait en voyant vendre son portrait; il eût peut-être essayé de prohiber cette vente, s'il n'eût été retenu par la pensée que ce serait nuire à une foule de personnes, auxquelles ce commerce procurait des ressources. Jamais il ne porta la décoration de la Légion-d'Honneur que l'Empereur lui avait envoyée en 1858. Jamais non plus il ne se revêtit du camail, insigne du canonicat.

M. le curé d'Ars s'effrayait de voir sa réputation grandir de jour en jour; et, en effet, le bruit des merveilleuses guérisons obtenues par ses prières s'étant répandu au loin, de toutes parts les pèlerins affluaient à Ars. On a évalué à plus de 100.000 le nombre de ceux qui étaient venus, dans l'année 1858, pour voir le *saint*, pour l'entendre ou pour se confesser à lui. Parmi ces visiteurs accourus des contrées les plus éloignées, se trouvaient des personnages occupant dans le monde une haute position. Cependant, loin de se réjouir de ce concours prodigieux, il aurait désiré, disait-il, que sainte Philomène, à laquelle il attribuait les cures miraculeuses fréquemment opérées à Ars, les multipliât un peu moins; car il craignait de passer pour un thaumaturge, et cette haute renommée qu'il avait acquise, lui causait plus de chagrin que de satisfaction. Qui pourra énumérer la quantité de personnes souffrantes ou affligées, qui sont venues chercher auprès du saint curé d'Ars un adoucissement à des maux ou à des peines que la science ne pouvait guérir, que le monde était impuissant à soulager! Que de mères l'ont imploré pour leur fille souffrante, pour un fils atteint de cruelles infirmités! Une mère désespérée de la mort d'un fils unique, enlevé à la fleur de l'âge, se rend à Ars, voit le saint homme, et lui parle de sa mortelle douleur. Ils prièrent ensemble, et la pauvre mère s'en retourna, sinon consolée, du moins résignée.

Oh ! c'est que les prières de ce véritable apôtre s'élevaient comme l'encens jusque vers le trône de l'Éternel ! Lorsqu'il a passé tant d'heures à son confessionnal, à visiter sa Providence, à faire le catéchisme, à entrer dans les plus modestes demeures, pour y porter les consolations et les secours temporels ; le voyez-vous rentrer dans sa modeste demeure, s'agenouiller aux pieds de Jésus crucifié, et implorer la miséricorde céleste pour tous les pécheurs !

D'une taille moyenne, d'un corps grêle, d'une pâleur et d'une maigreur excessive, le vénérable pasteur semblait exténué par le jeûne et les maladies. Ses joues étaient caves, ses pommettes saillantes ; mais dans ses yeux bleus vifs et brillants, il y avait je ne sais quoi de doux et de profond, qui imprimait à sa physionomie une expression indéfinissable, mais qui frappait au premier aspect. Sa voix creuse et un peu cassée ordinairement, devenait éclatante et forte lorsqu'il parlait de l'amour de Dieu et de la pratique des vertus ; de même qu'elle était plaintive et tendre, lorsqu'il entretenait ses auditeurs de la passion de Jésus-Christ et des douleurs de la Vierge Marie ! Mais elle était toujours sympathique, et produisait dans tous les cœurs la plus profonde émotion !...

Au mois de février 1859, il fit une chute en se rendant à l'église, et reçut une assez forte contusion. Depuis ce moment, bien qu'il n'eût interrompu aucun de ses exercices journaliers, on remarqua chez lui un affaiblissement progressif ; la toux aiguë dont il était atteint depuis bien des années, le fatigua encore bien davantage. On l'engagea vainement à prendre du repos; il répondait toujours *qu'il se reposerait dans le paradis.*

Les chaleurs excessives du mois de juillet achevèrent de l'accabler ; il supportait les souffrances avec un courage héroïque, et continuait de passer dix-sept à dix-huit heures de suite au confessionnal. Un jour pourtant, il fallut qu'il s'alitât. C'était le 30 juillet. On peut juger quelle consternation régna dans le village, lorsqu'on apprit que le *bon saint* allait mourir. Une foule immense assiégeait le presbytère, et la chambre du malade était envahie par les habitants d'Ars et les pélerins.

Mgr de Langalerie, évêque de Belley, était accouru à la première nouvelle qui lui fut donnée de la gravité de la situation. Il reçut les dernières paroles du saint prêtre.

La nuit du mercredi 3 au jeudi 4 août, le bon pasteur exhala son dernier soupir, sans secousse, sans agonie. L'âme du serviteur de Dieu était remontée au Ciel, pour y recevoir la récompense de ses angéliques vertus !

Les funérailles de M. Vianney, qui eurent lieu le 6 août, attirèrent un concours immense. Outre plus de 300 prêtres, des députations de tous les ordres religieux de la contrée, plus de 10,000 personnes venues pour la plupart d'assez loin, assistaient à cette cérémonie imposante, que présidait Mgr l'évêque de Belley. Ce prélat, dans le discours qu'il prononça sur la tombe de M. Vianney, rendit un hommage éclatant à cette vie qualifiée déjà de *sainte* par la voix du peuple, qui, comme on l'a dit souvent, est l'expression de la voix de Dieu. Il fit pressentir que, selon toutes probabilités, le sépulcre du saint pasteur serait glorifié ; faisant allusion ainsi à la béatification et à la canonisation du vénérable prêtre. Cette espérance ne peut tarder de se réaliser.

Quoique le *bon saint* ait disparu de notre séjour terrestre, les pélerinages à Ars ont continué assidûment depuis sa mort.

Le cercueil où reposent ses restes vénérés, est maintenant le point de mire où aboutit ce mouvement continuel, où se dirigent ces flots de population. Des pélerins nombreux visitent la tombe révérée; dans la chapelle de Saint-Jean-Baptiste, des cierges brûlent nuit et jour. Plusieurs guérisons miraculeuses ont été opérées récemment près des restes mortels du saint prêtre, et grâce à son intercession; la commune les proclame.

Mgr de Langalerie, évêque de Belley, a fait le voyage de Rome pour introduire auprès de la Congrégation des Rites, la cause de la béatification du vénérable curé d'Ars. Mais la piété des fidèles devance les lenteurs de la canonisation. On sait que la procédure qui est faite pour placer au rang des Bienheureux ceux dont la vie mérite les honneurs rendus aux saints, est longue et entraîne de très-grandes formalités; qu'il faut deux décrets, l'un constatant l'héroïcité des vertus du personnage dont la cause est proposée; l'autre, reconnaissant pour authentiques les miracles opérés par lui pendant la vie, ou obtenus après sa mort sur son tombeau. Mais, comme nous le disions plus haut, la piété n'attend pas pour rendre hommage à la sainteté de M. le curé d'Ars, que l'Eglise ait prononcé. Les pélerins accourent en foule vers le tombeau du *bon saint;* leur zèle brave tout, et les rigueurs de la température et le mauvais état des chemins. Ils vont s'agenouiller, pleins de confiance, près de la pierre qui recouvre les restes du bon curé; ils l'implorent comme intercesseur, sans hésiter, sans douter un seul instant, pour obtenir du Ciel le salut de l'âme et la santé du corps; ils espèrent que, puisque la cause est introduite devant le sacré tribunal, Dieu voudra bien éclairer les membres de la Congrégation des Rites, et manifestera par des miracles l'éminente sainteté de son zélé serviteur !

Le 5 août 1867, on a célébré, comme d'ordinaire, l'anniversaire de la mort de M. Vianney, dans cette paroisse qui fut témoin, plus de quarante ans, de cette vie angélique.

Le concours des assistants était plus considérable encore que les précédentes années. Il faut dire, pour expliquer cet empressement plus grand que d'habitude, que ce jour-là, on a inauguré la statue du saint pasteur, due au ciseau de M. Cabuchet, de Bourg, et ayant figuré à l'Exposition universelle de 1867.

Sans vouloir entrer dans une description détaillée de cette œuvre qui fait le plus grand honneur au talent de l'artiste qui l'a exécutée, nous dirons que M. Cabuchet a été parfaitement inspiré.

M. Vianney est représenté à genoux, revêtu de l'étole et du surplis ; il prie avant de se rendre au confessionnal. Ses mains sont croisées sur sa poitrine, ses regards s'élèvent vers le ciel, son corps est légèrement incliné en avant ; en un mot, l'artiste a heureusement rendu cette attitude de recueillement et de ferveur profonde où tout le monde a pu voir si souvent le vénérable pasteur.

Ce qui caractérise surtout l'œuvre de M. Cabuchet, c'est qu'il a su rendre, dans toute la perfection désirable, cette figure saillante, osseuse, sillonnée de profondes rides, où deux choses attiraient principalement l'attention : le rayonnement du regard et la proéminence du front. Enfin, dans cette effigie, tout est plein de vie et de mouvement. Cette statue a été placée dans un vaste local, en attendant, — et ce ne sera pas longtemps sans doute, — que les décrets de l'Église lui permettent d'être intronisée dans le sanctuaire qui s'apprête déjà pour la recevoir.

Nous venons de parler de guérisons merveilleuses opérées sur le tombeau de M. Vianney. Les faits que nous pourrions relater seraient en grand nombre; mais nous devons restreindre nos citations aux cures les plus extraordinaires.

Deux jeunes filles des environs d'Annonay (Ardèche), étaient depuis environ quatre ans obsédées de l'esprit malin. Leurs parents n'avaient rien négligé pour essayer de les guérir; on les avait fait traiter par plusieurs médecins, sans obtenir aucun résultat des remèdes que l'on avait mis en œuvre. Cette famille était pauvre; cependant, sur la haute renommée du pasteur d'Ars, et des miracles opérés sur sa tombe, elle se décida à s'imposer un sacrifice pour conduire à Ars les deux jeunes filles, et à tenter ainsi une cure que la science déclarait impossible.

On part, on arrive à Ars un samedi. Dans l'hôtellerie où ces demoiselles logèrent avec leurs parents, personne ne s'aperçut de l'état où elles se trouvaient. Mais, le dimanche, lorsqu'on voulut les conduire à l'église, il ne fut plus possible de cacher aux gens de la maison leur situation déplorable; car elles résistèrent à tous les efforts que l'on fit pour les mener à l'église. On les vit faire toutes sortes de contorsions, on les entendit proférer des jurements et des blasphèmes; elles finirent par se coucher sous leur lit, et la journée du dimanche se passa pour elles dans une réclusion absolue; il fut impossible de les décider à sortir de dessous leur lit.

Le lendemain, elles allaient mieux. On les mena toutes deux à la tombe de M. Vianney, sans qu'elles opposassent aucune résistance.

La mère de ces jeunes personnes a donné plusieurs neuvaines à faire à Ars. Ses modiques ressources pécuniaires ne lui permettant pas de prolonger son séjour à Ars, elle repartit peu de jours après pour son pays. Mais peu de temps après qu'elle et ses filles furent de retour dans l'endroit qu'elles habitent, la mère écrivit à Ars que ses filles étaient guéries radicalement.

Au mois d'août 1867, une jeune personne demeurant aux environs de Périgueux (Dordogne), était malade depuis l'âge de quinze ans ; elle était sujette à des crises, à la suite desquelles elle demeurait comme morte pendant plusieurs jours.

Il arrivait parfois que, pendant qu'elle était en proie à ces crises, on était forcé de recourir à l'aide de deux ou trois hommes pour la maintenir. Depuis longtemps les médecins avaient renoncé à traiter une maladie qui leur paraissait incurable. En désespoir de cause, la jeune personne eut l'idée de faire une neuvaine en l'honneur du saint curé d'Ars ; puis, elle se décida à venir se recommander à lui sur sa tombe. Elle vint donc à Ars, et pria avec ferveur sur le tombeau de M. Vianney. Pendant qu'elle faisait sa prière, elle eut une sorte de vision, dans laquelle M. le curé lui apparut et lui dit :

« Mon enfant, vos souffrances auront bientôt leur terme ; retournez dans votre pays ; vous aurez encore une crise mais ce sera la dernière ; puis vous garderez pendant quelques jours un tremblement nerveux ; vous reviendrez ensuite ici dans la quinzaine, et, lors de votre arrivée, vous guérirez sur ma tombe, à l'heure de midi. »

La jeune personne se conforma à ce qui lui avait été prescrit par cette vision ; elle repartit immédiatement, et revint au bout de quinze jours. Les choses se passèrent telles que la vision les avait annoncées. La demoiselle étant revenue à Ars avec son oncle et sa sœur, elle fut guérie au jour et à l'heure précise que lui avait indiquée M. Vianney.

Au mois de septembre 1867, une jeune personne, atteinte depuis peu d'aliénation mentale, fut amenée à Ars par ses parents, d'après le conseil qui leur en avait été donné par le desservant de la commune qu'ils habitaient.

Cet ecclésiastique, ayant vu la jeune fille dans un des moments où elle était le plus agitée, avait déclaré qu'il ne pensait pas qu'il y eût d'autre remède à apporter à cette triste situation, que de la conduire au tombeau de M. Vianney.

Lorsque cette jeune fille fut arrivée à Ars, et installée avec son père et sa mère dans une hôtellerie, tous les gens de la maison furent effrayés du vacarme qu'elle faisait continuellement. On fit faire une neuvaine pour la recommander aux prières du saint pasteur, et dès les derniers jours de la neuvaine, on put constater un mieux sensible dans son état. Cependant, elle repartit pour son pays avec ses parents, sans que la guérison fût complète. Mais, à peine était-elle de retour chez elle depuis quelques jours, qu'elle fut guérie entièrement ; et, peu de temps après, ses parents la ramenèrent à Ars, pour offrir son action de grâces de la faveur signalée dont elle venait d'être l'objet.

Au mois de septembre 1857, une femme qui ne pouvait marcher qu'à l'aide de béquilles vint en pèlerinage à Ars ; elle demanda sa guérison. De retour au lieu de sa demeure, elle reconnut qu'une seule béquille pouvait suffire désormais. Sa joie et sa reconnaissance furent si grandes, qu'immédiatement elle retourna à Ars. S'agenouillant sur la tombe du saint prêtre, elle pria avec ferveur ; lorsqu'elle se releva, la seconde béquille lui échappa des mains. Elle pouvait maintenant se passer de ce secours. Complètement guérie, elle déposa sa dernière béquille dans la chapelle de sainte Philomène.

MEDITATIONS

INSPIRÉES PAR UNE RETRAITE A ARS

1re MÉDITATION

Dieu est notre appui dans l'affliction et le malheur

> Qui timent Dominum, speraverunt
> in Domino : adjutor eorum et protector
> eorum est.
>
> (Psalmiste).

Entraîné bien souvent par un fatal délire,
Alors qu'à tous ses vœux s'empresse de sourire
    La trompeuse prospérité,
L'homme, tout occupé des faux biens de la terre,
Oublie, en savourant un bonheur éphémère,
    Qu'il doit craindre l'adversité.

Mais, hélas ! les beaux jours s'envolent comme une
Puis, l'infortune arrive, et frappe à la demeure [heure]
    De ce mortel, naguère heureux...
Comme un frêle roseau que fait plier l'orage,
Il gémit, accablé... Son âme est sans courage
    Contre le destin rigoureux.

Il a vu des festins se flétrir la couronne ;
De ses plaisirs d'hier le néant l'environne ;
    Plus d'ami, plus de vil flatteur !
Quand chacun, à l'envi, le fuit et le délaisse,
A qui donc confier sa peine, sa détresse ?...
    Au suprême Consolateur !

Implorez-le, vous tous qu'éprouve la souffrance...
Dans le Dieu juste et bon mettez votre espérance ;

Il vous prêtera son appui.
Quand sous le poids des maux votre âme est accablée
Pour la sentir bientôt tranquille et consolée,
    Sans crainte, adressez-vous à lui.

Oui, le divin secours dissipe les alarmes ;
Il calme la douleur et fait goûter les charmes
    De la douce sérénité.
Ainsi, l'on voit souvent, après de longs orages,
Un rayon de soleil, écartant les nuages,
    Rendre à l'horizon sa clarté !

Oh ! combien d'affligés a vu ce sanctuaire
Chercher pour leur souffrance un baume salutaire
    Près du charitable pasteur !
Il ravivait leur foi, soutenait leur faiblesse ;
Ses accents paternels consolaient leur tristesse,
    Et leur rendaient la paix du cœur.

Dès l'abord, son aspect gagnait la confiance ;
Son œil vif et profond, dans chaque conscience,
    Savait lire la vérité.
Mais toujours s'inspirant du dogme évangélique,
Il disait aux pécheurs, de sa voix sympathique :
    « Espérance, Foi, Charité ! »

« Ne désespérez pas, lorsque d'un coup funeste
» Le sort vous a frappés... la clémence céleste
    « Est compatissante au malheur.
» Dieu qui, pour quelques jours, nous place sur la terre,
» Nous éprouve parfois ; mais sa bonté de père
    » Mesure aux forces la douleur.

» Demandez le secours de sa grâce puissante
» Qui seule rend la foi plus vive et plus fervente,
    » C'est le trésor du vrai chrétien.
» Dans vos afflictions recourez à Marie ;
» Songez qu'en tous les temps cette Mère chérie
    » De ses enfants est le soutien. »

Nul n'a jamais franchi le seuil de cette enceinte,
Sans être soulagé par la prière sainte
            Toujours si féconde en bienfaits.
Nul n'a jamais quitté l'apôtre vénérable,
  Sansgarder du saint homme un souvenir durable
            Et sans le bénir à jamais !

2me MÉDITATION

Refuge en la retraite

> Pourquoi rechercher dans le monde
> Un bonheur vain et passager ?

Trop longtemps, ô mon Dieu ! dans ma coupable ivresse,
Par un coupable oubli je payai vos bienfaits,
Des frivoles plaisirs la coupe enchanteresse   .
A mes sens égarés offrit ses faux attraits.

Mais je ne savourai ces perfides délices
Qu'en trouvant le dégoût après la volupté...
Trop de fiel se rencontre au fond de leurs calices,
L'illusion fait place à la réalité !

Encenserais-je encore une pompeuse idole,
Quand je vois le néant des choses d'ici-bas ?
Seigneur, pour écouter votre sainte parole,
Au pied de vos autels je veux porter mes pas !

Comment résisterais-je à la voix qui m'appelle,
A la voix de Celui qui pardonne aux pécheurs ?
A vos lois, jusqu'ici, mon Dieu ! je fus rebelle...
Puisse mon repentir expier mes erreurs !

Mon refuge est en vous, ô mon maître adorable !
Je viens de votre grâce invoquer le secours,
Près du tombeau sacré du pasteur vénérable
Qui trouvait des accents pour consoler toujours !

Charme des cœurs pieux, bienfaisante retraite !
Ton heureuse influence a réveillé ma foi.
Je me sens allégé de ma peine secrète ;
Un nouvel horizon vient de s'ouvrir pour moi.

Ici, de mon Sauveur j'implore la clémence,
Et sa miséricorde accueillera mes vœux...
Oui, déjà du pardon j'entrevois l'espérance ;
Il suffit de prier pour se sentir heureux !

3me MÉDITATION.

La Mort du Bon Pasteur

> In memoriâ æternâ erit Justus.
> (Évangile).

Vers l'horizon lointain, aux bords du firmament,
Lorsque l'astre du jour s'abaisse lentement,
Et que de l'Occident il franchit la barrière,
Au moment d'achever sa brillante carrière.
Il semble, avec amour, de ses derniers rayons
Caresser les coteaux, les plaines, les vallons,
Et jouir des bienfaits qu'il répand sur le monde ;
Puis, son disque de feu, plus incliné vers l'onde,
S'y plonge tout-à-coup, disparait, et les yeux
Suivent la trace d'or qu'il laisse dans les cieux !

Ainsi, lorsqu'il arrive au terme du voyage,
L'Homme Juste, ici-bas a marqué son passage ;
Il a toujours marché, dans sa sainte ferveur,
Au sentier de vertu qui conduit au Seigneur,
Alors qu'il enseignait la divine parole,
Remplissant tous les cœurs de la Foi qui console,
Il ramenait à Dieu les pécheurs repentants ;
Infatigable à l'œuvre, on l'a vu, quarante ans !...
Quand, pour lui, du trépas sonne l'heure suprême,
Il voit, calme et serein, s'avancer la mort blême,

Mais la foule, à genoux, près du lit de douleurs,
Avec peine retient ses sanglots et ses pleurs ;
Sur le front du mourant elle guette, attentive,
Une espérance, hélas ! frivole et fugitive !
De cet homme de bien, ce sont là les enfants ;
Il les a tous aimés, tous consolés, longtemps...
Qu'à ce suprême instant leur douleur est amère !
N'était-il pas, pour tous, un bienfaiteur, un père ?

Pour la dernière fois, sur ces êtres chéris,
Le voyez-vous porter ses regards attendris.
D'une voix qui s'éteint il les bénit encore ! ..
Pour eux, Dieu de bonté ! sa prière t'implore ;
Il espère pour eux ce tout puissant secours
Qui toujours nous soutient, nous console toujours ;
Et confiant, Seigneur, dans ta grâce infinie,
Il résigne en tes mains et son âme et sa vie...
Il expire... ou plutôt, rejoignant les élus,
Il voit luire ce jour qui ne finira plus !

Ainsi, l'astre qui semble abandonner la terre,
Rayonne, au même instant, sur un autre hémisphère ;
Et brillant de jeunesse, hôte de nouveaux cieux,
Poursuit, en s'élevant, son essor glorieux !

4.me MÉDITATION.

Le Nom de Marie, l'espoir et l'égide du Chrétien

Il est un nom chéri des enfants de la terre...
Parmi les plus beaux noms qui rayonnent aux cieux,
Il est un nom sacré, dictame salutaire
    Pour tous les cœurs pieux ;

Un nom qui, des marins la boussole et l'égide,
    Les rassure dans le danger ;

Un nom, que la vieillesse et l'enfance timide
        Invoquent pour les protéger !

Il est un nom puissant qui sait tarir les larmes ;
Qui nous parle d'espoir dans les jours de malheur,
Et qu'au berceau d'un fils une mère en alarmes
        Répète avec ferveur.

Ce nom, source de paix pour toute âme qui prie ;
        Ce nom, bouclier protecteur,
Ce nom, baume divin, c'est celui de MARIE.
        Nom béni, nom consolateur !

C'est le nom révéré de celle dont les Anges
Exaltent chaque jour la gloire et les vertus,
Et dont les chœurs divins célèbrent les louanges,
        Au séjour des élus !

C'est le nom plein d'attraits qu'honora, dès l'enfance,
Dans son ardente foi, ce serviteur de Dieu
Qui, sachant alléger le chagrin, la souffrance,
Quarante ans, attira la foule dans ce lieu !

Le saint pasteur disait : « MARIE est une Mère,
» Toujours compatissante à l'humaine douleur ;
» C'est elle qui, de Dieu désarmant la colère,
        » Obtient le pardon du pécheur ! »

Au pied de votre autel, à tant de vœux propice,
        Plein d'espoir, priant aujourd'hui,
J'invoque votre nom, ô douce protectrice !
        Qu'il soit à jamais mon appui !

Ici-bas, du Chrétien assailli par l'orage,
Votre nom fait l'espoir, Reine auguste du Ciel !
C'est le phare qui doit nous sauver du naufrage,
Et nous guider enfin vers le port éternel !

8me MÉDITATION.

Paraphrase de l'Hymne : AVE MARIS STELLA

Salut, resplendissante Etoile !
Toi qui, propice aux matelots,
Apaises la fureur des flots,
Et sur les mers guides la voile !

De JÉSUS, fils de l'Eternel,
Salut, ô Mère toute aimable !
Vierge immaculée, adorable !
Bienheureuse porte du Ciel !

Reçois de nous, comme un hommage
Ce salut que, du Paradis,
L'ange Gabriel vint, jadis,
T'apporter avec un message.

Pour publier tous tes bienfaits,
Permets que notre voix s'élève...
MARIE ! en changeant le nom d'Eve,
Fais parmi nous régner la paix !

Ah ! de la céleste lumière
Combien d'aveugles sont privés !
Ils verront, ils seront sauvés,
Si tu dessilles leur paupière.

Brise nos terrestres liens...
Que ta clémence nous protége !
Des maux éloignant le cortége,
Demande pour nous tous les biens !

Par celui qui sauva la terre,
Et qui voulut naître ton Fils,
Fais que nos vœux soient accomplis...
Montre-toi toujours notre Mère !

En invoquant ton nom divin.
Le cœur s'enivre d'espérance ;
Car le malheur et la souffrance
Ne t'implorent jamais en vain !

Près de Dieu, Vierge incomparable,
Vierge, modèle de douceur !
Sois notre zélé défenseur;
Fléchis le juge redoutable.

Accorde-nous la chasteté...
Du péché délivrant nos âmes,
Allume en nous les saintes flammes
De la fervente charité.

Pour marcher dans la route sûre
Qui doit nous conduire au Seigneur,
MARIE ! obtiens-nous la faveur
D'une vie innocente et pure.

Pour que le bonheur des Élus
Devienne un jour notre partage ;
Qu'après le terrestre esclavage,
Nous puissions contempler JÉSUS !

Honneur et gloire à Dieu le Père,
A notre divin Créateur !
Gloire au CHRIST, notre Rédempteur !
Et gloire à l'Esprit de lumière !

Dans les temps et l'éternité,
Les bienheureux et les Archanges
Répètent en chœur les louanges
De la sublime TRINITÉ !

Le Presbytère d'Ars et la Chambre du Bon Pasteur

Vous que conduit ici la pieuse pensée
D'apporter votre hommage au serviteur de Dieu,
Pèlerins, visiteurs, dont la foule empressée
Près du tombeau du saint vient prier en ce lieu;

Avant de quitter Ars, allez au presbytère;
Il est ouvert à tous, chacun peut y venir...
De celui que les cieux enviaient à la terre,
Là vous retrouverez partout le souvenir!

> Si le luxe, à cette demeure
> Est resté toujours inconnu,
> Elle recevait, à toute heure,
> L'indigent, hôte bienvenu.
> Pour compatir à sa misère,
> L'infortune y trouvait un père;
> La souffrance, un consolateur;
> Pour secourir toute détresse,
> Et prodiguer les dons, sans cesse,
> S'ouvrait la main du Bon Pasteur.

> Entrez dans ce réduit modeste,
> A plus d'un titre révéré;
> Asile qu'une âme céleste
> Par ses veilles a consacré.
> Humble chambre d'anachorète!
> De quelle émotion secrète
> Ton seul aspect emplit le cœur!
> Pour raviver en lui le zèle,
> Tout, dans ton enceinte, au fidèle
> Parle de l'Élu du Seigneur!

Dans cet appartement, devenu sanctuaire,
Depuis bientôt dix ans, rien encor n'est changé...
Près de l'Enfant-Jésus, et du saint reliquaire
Voilà le crucifix, recours de l'affligé !...

L'image du patron du prêtre vénérable,
Quelques autres portraits ; ici, le buis bénit ;
Là, sa bibliothèque et sa petite table,
Deux chaises, le fauteuil, la commode et le lit.

Ici, partout on le retrouve...
On ne peut visiter ces lieux,
Sans qu'aussitôt l'âme n'éprouve
Un sentiment doux et pieux.
Tout y conserve encor sa trace ;
Et le regard, à cette place,
Croit le voir priant à genoux ;
Et, comme le Christ au calvaire,
Offrant au Dieu juste et sévère,
Ses pleurs pour les péchés de tous !

Croyant entendre alors cette ardente prière,
Dans le recueillement qui s'empare de lui,
Le pélerin s'écrie, avec un cœur sincère :
« Refuge des pécheurs ! prêtez-moi votre appui ! »

Dans notre terrestre vallée,
Hélas ! nous ne le verrons plus ;
Sa belle âme, au ciel rappelée,
Goûte le bonheur des Élus.
Mais, dans le séjour de la gloire,
Il ne perdra point la mémoire
De ceux qu'il bénit quarante ans ;
Sur nous le *bon saint* veille encore,
Et de l'Éternel il implore
La clémence pour ses enfants !

Le Départ. — L'Absence. — Le Retour.

Déjà depuis longtemps, une peine secrète
Tourmentait le pasteur, l'assiégeait en tous lieux...
Ensevelir ses jours dans l'ombre et la retraite,
Voilà ce que rêvaient son espoir et ses vœux.

Se sentait-il faiblir sous la fatigue extrême?
Non... Il était conduit à douter de lui-même
    Par sa profonde humilité.
Miraculeusement sorti de maladie,
Il crut que Dieu voulait, en lui sauvant la vie,
    Lui rendre aussi sa liberté!

    De tous côtés, voyant sans cesse
    Tant de pèlerins accourir,
    Il se disait, avec tristesse :
    « Oh! que d'âmes à secourir!
    » Faut-il, sans trêve, sans relâche,
    » Poursuivre toujours cette tâche
    » Que j'envisage avec effroi?...
    » Seigneur! cultiver votre vigne,
    » Est un honneur dont n'est pas digne
    » Un aussi grand pécheur que moi!

» Et pourtant, devant vous je tremble de paraître,
» O Juge souverain! laissez le pauvre prêtre
» Quelques jours ici-bas pour pleurer son passé...
» Puisqu'il a désiré, dès son adolescence,
» De pouvoir au désert cacher son existence,
» Faites que ce souhait enfin soit exaucé!

    » Oui, mon Dieu! vous m'avez, sans doute,
    » Arraché naguère au trépas,
    » Pour me faciliter la route
    » Où je veux diriger mes pas.

» Dans la solitude profonde,
» Je vais, désormais, loin du monde,
» Passer ma vie à vous prier...
» D'avoir bien voulu me conduire
» Vers ce port, où mon cœur aspire,
» Que je dois vous remercier!... »

Il est parti... sa fuite a devancé l'aurore ;
De suppliantes voix n'ont pu le retenir...
L'alarme est au village ; et cependant encore,
On aime à se flatter de l'y voir revenir.

Vain espoir, attente stérile !
Vous voyez s'écouler les jours
Dans une recherche inutile.
Que l'on recommence toujours !
De pelerins plus d'affluence...
ARS est rentré dans le silence ;
Et ses habitants attristés,
Disent, en déplorant leur perte,
Dans l'église presque déserte :
« Notre père nous a quittés ! »

Asile que le *Saint* nommait sa *Providence*,
Toi qu'il avait ouvert pour recevoir l'enfance,
Que vas-tu devenir, puisqu'il t'a délaissé ?
La main qui, tant de fois, secourut ta détresse,
Ne te soutiendra plus... Que pourra ta faiblesse ?
Le troupeau sans pasteur sera-t-il dispersé ?

Enfants ! à l'autel de MARIE
Allez prier avec ferveur,
Et de cette Mère chérie
Implorez l'appui protecteur.
Comme naguère, quand vos larmes
Exprimaient vos vives alarmes
Pour celui que vous vénérez,
Invoquez SAINTE PHILOMÈNE ;

Demandez lui qu'elle ranime
Ce bienfaiteur que vous pleurez !

Vers ces riants vallons, vers ce frais paysage,
Dont son cœur conservait un tendre souvenir,
Vers ce toit paternel où coula son jeune âge,
Pour trouver le repos, il voulut revenir...

Le calme... le repos... espérance frivole !
De même qu'au réveil un beau songe s'envole,
Tu vas t'évanouir, hélas ! et sans retour :
Sa nouvelle demeure est à peine connue,
Qu'une foule empressée aussitôt est venue...
Des pèlerins le nombre augmente chaque jour.

Malgré tous ses efforts, jusque dans sa retraite,
De toutes parts, bientôt, on viendra le chercher...
Ainsi, son doux parfum trahit la violette,
Qui, sous le vert gazon, veut en vain se cacher.

Dieu, de ses serviteurs règle la destinée ;
Et lorsqu'à chacun d'eux la tâche est assignée,
Dans la route tracée il sait les retenir...
Au vœu de ton troupeau tu ne peux te soustraire,
Vénérable pasteur ! ta mission, sur terre,
C'est raviver la foi, consoler et bénir !

Tournera-t-il ses pas vers ARS, qui le réclame ?
Pour un autre séjour va-t-il se décider ?
L'irrésolution règne encore en son âme ;
Mais les ordres d'en haut sauront bien le guider.

La voix céleste qui l'appelle
A *Beaumont*, l'attire en ce lieu
Où l'on voit l'antique chapelle
Vouée à la mère de Dieu ;
Dans le révéré sanctuaire,
Il va chercher, dans la prière,

L'aide qu'implorent les illas...
En cet instant le ciel l'inspire ;
Et c'est alors qu'on l'entend dire :
« Partons pour Ars... n'hésitons plus !... »

De la stupeur, de la tristesse,
Ars ! aujourd'hui, tu vas sortir...
Écoute les cris d'allégresse
Dans tes alentours retentir...
IL ARRIVE... tout le village,
Pour accourir sur son passage,
Délaisse les travaux des champs.
A cette ovation sincère,
Ne voit-on pas que c'est un père
Qui revient parmi ses enfants ?

Les cloches, à grande volée,
Jettent dans l'air leurs sons joyeux
Qui, de la foule rassemblée,
Redoublent les transports pieux.
Au-devant du *Saint* on se presse ;
La multitude, avec ivresse,
Lui manifeste son amour...
Il paraît... et, l'âme attendrie,
Chacun s'agenouille, et s'écrie :
« Enfin, le voilà de retour !... »

Bénie à jamais sera l'heure
Où, remplissant les vœux de tous,
Il est rentré dans sa demeure,
Pour ne plus s'éloigner de vous.
Maintenant que, par sa présence,
Le ciel comble votre espérance,
Quand votre deuil est terminé,
Allez, de ce jour si prospère,
Rendre grâce à la Vierge Mère...
C'est elle qui l'a ramené !

PRIÈRES

A Notre-Seigneur Jésus-Christ couronné d'épines
(Ecce Homo.)

O Rédempteur du monde ! Une barbare soldatesque vous a flagellé, vous a abreuvé d'outrages, et vous a couronné d'épines ! Et maintenant, Pilate vous montre au peuple, en lui disant : *Voici l'homme (Ecce homo)*. Quel cœur ne serait ému à la vue des souffrances que vous supportez avec tant de patience et de résignation ! Oui, divin Jésus ! nous voulons marcher à votre suite dans la douloureuse voie du Calvaire ; nous agenouiller au pied de votre croix comme votre sainte Mère et le disciple bien-aimé ! Puissiez-vous, en nous appliquant les mérites de votre passion, nous accorder la grâce de souffrir les injustices et les mépris du monde, de ne songer qu'à notre salut, afin d'être admis un jour à participer aux joies des Elus ! — Ainsi soit-il.

A Marie conçue sans péché

O MARIE, vierge immaculée, qui, élue de Dieu pour être la Mère du *Verbe Incarné*, avez porté dans votre sein Jésus, le Fils de l'Eternel ! Vous qui êtes bénie entre toutes les femmes ! Vous dont nul n'a jamais en vain imploré l'assistance, dans les maux et les tribulations d'ici-bas ! Soyez en tout temps notre Mère, montrez-vous toujours notre bienveillante protectrice ! Faites que, vous prenant pour modèle, nous mettions tous nos soins à fuir le mal, et à pratiquer les vertus. Inspirez-nous le désir ardent de mériter les grâces et les faveurs célestes, par notre amour pour Dieu et par notre soumission à ses lois O bienheureuse Marie conçue sans péché! obtenez pour nous la miséricorde divine, maintenant et à l'heure de notre mort! — Ainsi soit-il.

A saint Joseph

Glorieux patron des âmes chastes et pures, comme l'indique le lys qui vous est donné pour emblème ; Grand Saint-Joseph, vous qui, époux de la Mère du Sauveur et père de Jésus aux yeux des hommes, avez constamment entouré de soins et de tendresse Marie et le divin enfant! Vous qui fûtes toujours le zélé Serviteur de Dieu! Accordez-nous votre protection puissante! Faites que nous inspirant de votre pieux exemple, animés d'une foi sincère et docile, nous suivions comme vous le sentier des vertus! Obtenez-nous les grâces nécessaires pour pratiquer les divins préceptes, et pour marcher avec persévérance dans la voie qui mène au salut; afin que, lorsque viendra pour nous l'heure de la mort, nous puissions nous endormir dans la paix du Seigneur! — Ainsi soit-il.

A saint Jean-Baptiste

Glorieux saint Jean-Baptiste, vous qui avez été sanctifié dans le sein de votre Mère, parce que vous étiez désigné pour être le précurseur du Verbe divin; vous qui, dans le désert, avez mené l'existence de l'anachorète, en observant la plus rigoureuse austérité! Soyez, grand saint! notre intercesseur auprès de Dieu, vous par qui le Sauveur des hommes voulut être baptisé, afin qu'ayant été régénérés, nous aussi, par l'eau sainte du baptême, nous nous montrions par la pureté de notre vie, dignes du beau titre de chrétiens. Puissions-nous, grâce à votre protection, aimer comme vous la pénitence et la retraite ; puis-